Simon Walcher
ist das Pseudonym eines 1958 in Graz geborenen Autors.

www.sprechensie.at

Simon Walcher

Sprechen Sie Steirisch?

Ein Sprachführer für Einheimische und Zugereiste

UEBERREUTER

ISBN 978-3-8000-3951-7

Coverfoto: Österreich Werbung / Wiesenhofer

Printed in Austria
7 9 11 13 12 10 8 6

Ueberreuter im Internet: www.ueberreuter.at

Inhalt

Das grüne Herz

I wü wieda ham, i füh mi do so allan.
STS über einen Steirer in Wien

Kaum setzt man seine Schritte (oder seine Autoreifen) über den Pyhrnpass, Semmering oder Wechsel, überschreitet die Südsteirische Weinstraße oder den Neumarkter Sattel, nehmen diverse Verständigungsprobleme ihren Anfang. Da sich sowohl die Ennstaler als auch die Ober-, West- und Oststeirer ihre jahrhundertelang entwickelte originäre Sprache im Großen und Ganzen bewahrt haben, hilft alle elegante Weltläufigkeit des steirischen Wesens nichts: Ein Zugereister versteht sie nicht. Kein zugereistes *Gangerl*, kein *Trutscherl* und natürlich auch kein *Pliempel* kann ihnen folgen, wenn sich die Steirer miteinander unterhalten. Jeder *Zottel*, *Dutter* oder *Tatsch* kann das bestätigen, weil er es in der Steiermark schon einmal schmerzhaft miterleben musste. Und sollte er von solch einem Erlebnis bislang milde verschont worden sein, dann kann er sich's sicher denken – denn dass die Steirer beim Reden eine zum Bellen tendierende Intonation bevorzugen, haben mittlerweile schon die allermeisten erfahren.
Aber den Steirern ist es naturgemäß nicht *Blunzn*, wenn sie kein Nicht-Steirer versteht; nicht einmal die steirischen *Treapen* und *Lottern* lässt das kalt. Deshalb gibt es jetzt dieses kleine Büchlein. Es will die Eigen- und Besonderheiten ebenso wie die gebräuchlichsten und beliebtesten Wörter und Redewendungen der jeweiligen steirischen Regionen kurzweilig erklären.

Und weil über die Jahrhunderte so einmalige, manchmal fantastische Sprachgebilde in den jeweiligen Landstrichen, Tälern und Orten entstanden sind – die auch heute noch täglich gesprochen werden –, muss man sich die steirischen Wörter dieses Büchleins auch unterschiedlich stark »dialektisiert« vorstellen: Oft werden sie eher »gebellt«, manchmal verschwinden im Sprechen einzelne Buchstaben und Silben, manchmal geraten sie für nichtsteirische Ohren auch ein bisschen durcheinander. Das alles kann man schriftlich schwer darstellen, aber ich kann Ihnen dennoch versichern: Kein Steirer wird Sie bei Ihrem nächsten Besuch im grünen Herzen Österreichs der Polizei melden, wenn Sie nicht so schön »bellen« wie er …

Simon Walcher
Graz, Juni 2003

A

Aas	Kadaver; ein niederträchtiger, gemeiner Mensch; faules, widerspenstiges Haustier
abbleschen	einfach verschwinden
abbrennen	mittels Brennen roden; beim Spiel alles verlieren; kein Geld mehr haben
abfratscheln	jemanden ausgiebig, eindringlich ausfragen; auch: *ausfratscheln*; ein *Ausfratschler* ist jemand, der einen anderen aufdringlich nach meist Intimem ausfragt
abkrageln	jemanden töten, ihm sozusagen den Kragen umdrehen
abkratzen	sterben, elend zugrunde gehen
abnudeln	an etwas herumtappen, mit den Händen begierig betasten, abgreifen; auch: *abmudeln, abschmudeln*
abstrudeln	schwer arbeiten, sich frei machen
Afel	eine kleine Verletzung auf der Haut; Entzündung, entzündliche Geschwulst; Eiter; die schlechte Luft in den Ställen; der warme Dampf der feuchten Erde; wer *afelig* ist, ist schlecht aufgelegt, leicht reizbar

Affenkomödie	ein verrücktes, dummes Auftreten in der Öffentlichkeit
aftrig	sich rückwärts befindend (von »After«)
agalstern	umherfliegen, herumschwärmen
ahan!	die steirische Version des wohl zu simplen Ausrufes aha! Varianten: *ahant!*, *ahat!*
Akel	Trauer; *akeln* (traurig sein)
alleinig	steirische Version von »allein«
allweg	immer; auch: *allwegen, allerwegen*
alstern	das Kleinkind von der Mutterbrust entwöhnend
Altel	der Geschmack von einem guten, alten, feinen Wein (*alteln*)
Alzerl	ein kleines Stück, *a alzerl*: ein bisschen (von ital. *alzo*: Lederstück)
Amer	Naschgier, außerordentliche Esslust; *amerig* und *amerisch:* sehr naschhaft
anbatzen	sich schmutzig machen, sich (bes. mit Flüssigkeiten) anschütten (*anpatschen*)
aneh	Synonym für eher, vorher, früher
a niada	ein jeder, ohne Ausnahme
angestenkt	sehr gereizt, hypernervös, zornig
anhaben	bekleidet sein; aber auch: jemanden anhalten, oder: etwas abgewinnen
anluren	jemanden oder etwas konsequent anstarren, lauernd mit den Augen verfolgen

anpempern	schwängern, begatten
Ansager	ein netter Mensch, der einem etwas erklärt
anschmieren	belügen, betrügen
ansein	es geht einem körperlich oder geistig nicht sehr gut; schwanger sein
anstellen	neben der allgemeinen Bedeutung: etwas (Unangenehmes zum Beispiel) aufschieben, vertagen
antal	vom Berg runter, Richtung Tal
antauchen	etwas mit voller Kraft vorwärts schieben (oder etwa ein Kind auf der Schaukel anstupsen); mit einem Vorhaben ernstlich beginnen wollen
antockern	jemanden mit eher unwahrscheinlichen Erzählungen an der Nase herumführen
antommerlt	nicht gerade mit besonderen Geistesgaben gesegnet
antragen	neben der üblichen Bedeutung: genau zielen
Antritt	der erste Teil der Brücke, die man gerade begehen will; Schwelle, Stufe
anzwidern	jemanden übellaunig begegnen, frech anreden
aper	vom Schnee frei gewordene Wiesenfläche; *apern*: auftauen
Arbeitsgeist	wer einen Arbeitsgeist hat, ist von großem Schaffensdrang durchdrungen

Arschkappel-muster	Idiot (*derb*)
aufgramt	gut aufgelegt, lustig sein, keck sein (von »aufgeräumt«; auch: *aufgegramst*)
aufreiben	unwillig sein (*Dos reibt mi auf*: Das mag ich nicht)
ausschnapsen	Wenn zwei Steirer sich etwas *ausschnopsn*, dann treffen sie eine Vereinbarung, führen eine Entscheidung herbei.
austratscheln	etwas ausplaudern
auswendig	aus der Fremde zugereist (möglicherweise eine Verwechslung mit *auswärtig*, die sich dann sozusagen umgangssprachlich einbürgerte)

B

abcdefghijklmnopqrstuvwxyz

Wörter, die Sie unter B nicht finden, stehen sicher unter P

bacherlwarm	wohlig, angenehm warm (von mhd. *bachelen*: erwärmen)
Bachtlat	Gerümpel, Unrat
Badewaschel	Bademeister
Badsechter	eine hölzerne Wanne
bändig	schnell, eilig, rasch
Balg	ungezogenes Kind; Sack; scherzhaft für Kleidung
bamachlig	langsam, allmählich
bamstig	geschwollen, aufgeblasen; ein *Bamst* ist ein dicker Mensch, ein dicker Bauch
Bankert	uneheliches Kind; schlimmes Kind
Banse	der Teil der Scheune, in dem Stroh und Heu untergebracht sind
barmen	keifend schimpfen
Barterl	ein Lappen, der kleinen Kindern beim Essen um den Hals gehängt wird; auch: *Trinsbarterl*
Bartwisch	ein kleiner Handbesen
baß	gut, brav, redlich; besser; auch für: ziemlich (*I bin baß erstaunt*), bald

batzeln	die steirischen Kürbisse werden nicht entkernt, sondern *ausbatzlt*
Batzen	ein großer Fleck; wer sich *oan Botzn eibüdt* ist eingebildet, aufgeblasen
Baunzen	ein besonders kleines Kind; Schimpfwort für ein schlimmes Kind
Baunzerl	ein feines Weißbrot, das *baunzerlwoach* (also sanft und mollig) zu sein hat
Bazi	ein Schlingel, ein Schlawiner; gerne etwa *Weanabazi* (ein *Bazi* aus Wien)
Becker	kleiner Schlag. *Host an Becker?* fragt man jemanden, der nicht besonders gescheit wirkt.
Beidenhändler	ein mit beiden Händen Tragender; nach beiden Seiten hin Arbeitender; ein Unzuverlässiger
beigen	etwas zu einem Haufen schlichten
beinzigen	trennen, vereinzeln
beiten	etwas ausleihen, mit einer Forderung abwarten
benget	blöd, geistlos; ein *Beangader* ist ein Dummer
Benzerei	unaufhaltsames Drängeln; ständiges Bitten, Betteln, Raunzen
Bersch	Bub, Bursche
betakeln	jemanden betrügen
bibern	zittern
biesen	schmollen, unwillig sein

billen	laut schreien
Binkel	Bündel; ein feiner *Binkel* ist, etwas verächtlich gemeint, ein vornehmer Mensch
Bischof	kirchlicher Würdenträger; in der Steiermark aber auch ein Getränk aus Rotwein; und weil so auch das Hinterteil der Hühner genannt wird, ist eine *Bischofsmütze* das gebratene Hühnersteißstück
bisen	laufen, rennen, auch: galoppieren
Bissgurrn	eine streitlustige, zänkische Frau
Bitz	eine kleine Schwellung; ein Stumpf; auch für: Penis
Bitzel	Hitze- oder Eiterbläschen; Brustwarze; auch: jähzorniger oder hochnäsiger Mensch
bitzeln	etwas zerschneiden, zerstückeln; etwas fein schnitzen; in kleinen Stichen stechen; ein *Bitzler* ist sowohl ein Holzschnitzer als auch jemand, der in kleinen Schritten etwas zuwege bringt
blakeln	stinken, übel riechen; auch: *blaken*
Blattern	Blase
blatzen	laut schreien, plärren, weinen
blebeln	Lärm machen; auch: sich täuschen
Bloch	ein entästeter und entrindeter Baumstamm; *blochet* ist, wer schwerfällig ist so wie ein *Bloch*
bloßpfeidlet	ohne Hemd, nackt

Blotsche	ein großes Blatt; auch andere große, den Blättern vergleichbare Dinge können eine *Blotschn* sein
Blunzn	Blutwurst; auch: dicke Frau (von mhd. *blunsen*: aufblähen). *Des is ma Blunzn* entspricht ungefähr dem in ganz Österreich üblichen Befund: *Des is ma Wurscht* (Das ist mir völlig egal), wodurch die Steirer ihre Vorliebe für diese kulinarische Spezialität kundtun.
Bocht	Abfall
Bölli	ein dummer Mensch, der noch dazu ungehobelt ist
boschen	kaufen und – praktischerweise auch gleich – verkaufen
Bosnigl	jemand, der einem nichts gönnt; ein argwöhnischer, boshafter Mensch
bossen	sich schütteln
Bot	Kurzform von Gebot; auch: Angebot; und: Geldeinsatz beim Spiel
bracken	einen Teppich ausklopfen; meist aber: schlagen. *I brack dia glei ane!* (Ich schlage dich gleich!); der *Bracker* ist ein geflochtener Teppichklopfer.
braschet	aufgedunsen, feist
bravieren	angeben, prahlen (wohl von »brav sein«)
Brein	Brei, Mus; die *Breinwurscht* ist eine Wurst, die mit Heiden- und Gerstenbrein, gemischt mit Blut, gefüllt ist

Breitdrescher	ein breitmauliger Aufschneider
Bretsch	der Mund; *Bretschelle* ist ein Tratscher, der viel *bretschellt,* also plaudert, tratscht
bretteleben	flach und eben wie ein Brett; wer aber *brettlebn zua* ist, der hat genug getrunken, um betrunken zu sein
Breze	ein mit Salz bestreutes, ineinander geflochtenes Gebäck; auch: der Henkel zum Tragen von Säcken; und: eine Vorrichtung beim Brunnen, damit das Vieh trinken kann. Wer eine *Brezn reißt*, der ist blöd gefallen.
brodeln	etwas kocht, sprudelt; jemand spricht sehr schnell, will damit nicht aufhören
brodig	schwammig
brogen	prahlen, angeben
brollet	dick, fett
bröselmarb	sehr morsch
Brühl	eine sumpfige, schwer zugängliche Fläche
Brüt	Ungeziefer (von »Brut«)
brunzen	urinieren; ist man *brunzerig*, hat man einen starken Harndrang; *Brunzer* gilt als sehr derbes Schimpfwort
buckelfünferln	den Buckel runterrutschen (*Du kaunst mi bucklfünfaln!*), egal sein
büffeln	etwas intensiv (auswendig) lernen

Bünkel	eine Beule, Geschwulst; auch: ein kleiner, dicker Mensch
Buis	Seuche
bumsti	Ausruf der Überraschung, ein plötzliches, unerwartetes Geschehen bezeichnend (auch: *bumbsti*, *bums*, *bumbs* oder *bumstinazl*)
Bunger	Sumpf
Buri	ein starker Wind
burren	brummen, surren, dröhnen
Burze	ein Hügel, eine Erhebung
buschenweise	scharenweise (von »Busch«)
Butsch	Schwein
Butte	ein dickes Kind (vornehmlich Mädchen), eine dicke Frau; auch: ein dickleibiges Gefäß
buttermarb	ziemlich erschöpft, sehr müde
butterwalgen	sich liegend einen Abhang hinunterrollen lassen
Butzerl	ein liebes, kleines Kind

D

a b c d e f g h i j k l m n o p q r s t u v w x y z

Wörter, die Sie unter D nicht finden, stehen sicher unter T

Dachschaden	den hat der, der im Kopf nicht ganz richtig ist
Dachtel	Ohrfeige; aber auch: Dattel
dämig	feucht, schwül, voller Qualm, *dämige Zimmer* sind ungelüftete Wohnräume
dalkeln	spielen, die Zeit mit Unsinnigkeiten verbringen, überflüssige Arbeiten verrichten
dalkert	ungeschickt, tollpatschig, töricht
damisch	zornig, wütend, hitzig; betäubt; verrückt; groß, heftig, außergewöhnlich
Dampfplauderer	einer, der viel von etwas spricht, das nicht unbedingt der Realität entsprechen muss
danneh	vorher, gerade erst
daunigrasn	fremdgehen (von »hinweggrasen«)
dawert	verkehrt
deant	dennoch
dechta	dennoch
defteln	klopfen, schlagen
derisch	taub. *Bist derisch?* (Hörst du nicht?)

Detschen	Ohrfeige
dickpunkert	wohlgenährt
dölzig	zu fest, dicht, speckig, teigig
dörsch	brav, frisch, stark
doggatzen	zittern, schwanken; auch: die klopfenden Schmerzen einer eitrigen Wunde
Dolzen	Finger
dosen	denken; schlummern (von »dösen«)
drasteln	binden, schnüren
Dreckfink	ein Mensch, dem Körperhygiene fremd ist, der sich also nicht gerne wäscht
Dreckschleuder	lose Zunge; ein Mensch, der gerne schimpft, andere schmäht und verleumdet
drent	auf der anderen Seite, jenseits (auch: *drenten*; Gegensatz zu: *herent*, *herenten*)
drohweis	aberwitzig, närrisch, geistesgestört
Droß	der Schlund, die Kehle (Fleischhacker sagen auch: *Drossel*, *Drost*)
duchteln	heimlich, tückisch, hinterrücks
Duck	Hinterlist; eine schlechte Eigenschaft; ein Mangel oder Fehler
Dudel	eine etwas einfältige Frau: auch: *Tudel*
Düppel	eine Beule, Geschwulst; ein Lümmel, Flegel; eine zusammengeknetete Masse; ein Holzbalken, um Balken oder Läden zu verbinden; Balken einer Zimmerdecke

Düttler	ein Einschmeichler
Dukaten-scheißer	verächtlich für einen Geldprotz
Dule	eine Vertiefung, eine Einbuchtung; Schmiss, Narbe; Riss im Boden; auch: *Düle* (von »Delle«)
Dumm	Dung
dumper	dämmrig, dunkel, trüb. *Es wird schon glei dumpa, / es wird ja schon Nacht / drum kim i zu dir her, / mein Heiland auf d' Wacht*, tönt ein Volkslied für die Adventzeit.
Duttel	die weibliche Brust; auch: *Dutte*
Dutter	ein junger, unreifer Mensch; ein einjähriges Pferd, Füllen

E

eckeln	ausmessen, berechnen
eideln	streicheln, liebkosen
Eiei	Liebkosung (das zärtliche gegenseitige Berühren der Wangen etwa)
eifen	jucken, beißen, brennen
einfahren	einen Nachteil haben
einfangen	jemanden gefangen nehmen; einzäunen
eingeben	etwas einreichen (etwa am Amt)
Einschicht	abgelegener Ort; Einöde; Vereinsamung
einweimperln	sich mit großem Aufwand beliebt machen, einschmeicheln
Eiß	Eiterbeule, Geschwür
enk	euch
ent	drüben, auf der anderen Seite, jenseits: auch: *enten*
Entel	der Rand eines größeren Tuches, die Leiste der Leinwand
enter	vorher, vorhin, früher; ohnedies, sowieso; auch: *ehenter*

enterisch	ungewöhnlich, unheimlich, anders
entlaucht	farblos, blasse Gesichtsfarbe
Enzwaschel	ein großer Gamsbock; auch: großer Auerhahn (Jägersprache)
epper	entspricht dem »etwa« oder »vielleicht?«, »gar?«
eppes	etwas; auch: *epps*
erlepetzen	etwas essen, verschlingen
erlicknen	etwas gewahr werden
erlodern	erwischen, erfassen, erreichen
ertattern	vor Schrecken starr werden
Erzscheißerl	das letztgeborene Kind
etwan	einst, irgendwann einmal
etzen	das Vieh weiden lassen; die *Etz* bzw. *Etzat* ist der Weideplatz
extra	außergewöhnlich; absichtlich
extrig	besonders, eine Ausnahme

fabeln	Geschichten erzählen; auch: *fafeln*
fachteln	mit den Händen in der Luft herumfahren; unvorsichtig mit offenem Licht agieren
fackeln	sich unstet hin und her bewegen (wie eine Fackel); *net lang fackeln*: nicht lange zögern
fähen	fein sieben; fein streuen
fahrig	gefährlich, gefährdend, hinterlistig
Falott	ein Gauner, ein so genannter Tunichtgut
Fankerl	Funke; Teufel; auch: ein aufgewecktes Kind
fanknussen	jemanden ins Gefängnis bringen
Farfel, Farferl	kleine, abgeschmalzene Mehlstücke, als Einlagen in der Suppe oder der Milch; wenn etwas *farfelt*, brodelt es, wirft Blasen; kann aber auch nur bedeuten, dass jemand blöd daherredet; ein *fades Farferl* ist ein geziertes Mädchen
Farzer	Furz
Fasel	Stamm, Samen; Rasse, Zucht; ein *Fasel-*

bär ist der Zuchteber und das *Faselfadl* das Zuchtschwein

Fasslreiter	ein Mann mit extremen O-Beinen
Fatsche	ein langer, meist weißer Verband, mit dem man Verletzungen *einfatscht* (umwickelt); ein *Fatschenkind* ist ein Kind, das noch gewickelt wird
fatzen	necken, zum Narren halten
faumen	schäumen; auch: *feimen*
Fauritel	eine Haarlocke
Faxen	Späße, törichte Einfälle; ein *Fax* ist ein Spaßmacher oder ein gutmütiger, aber etwas dummer Mensch; der *Faxenreißer* ein Possenreißer; ernst nehmen sollte man auch die Warnung *Moch koane Faxn!* (Mach keine Dummheiten!)
Fazalet	ein Tuch (oft ist ein Taschentuch gemeint)
feckeln	rütteln, reißen, schütteln
feggatzen	mit der Peitsche schnalzen; auch: *fecketzen*
feinzig	böse; zudringlich
felvern	flattern
femmen	schimmern, flimmern
fengeln	schnitzen, reißend hin und her bewegen, sägen (mit einem eher stumpfen Werkzeug)
fetzen	rasch und undeutlich schreiben; wenn es in großen Flocken schneit; ordentlich raufen

Fetzenmarkt	ein Trödelmarkt
feuern	schleudern
fiedeln	mit einem stumpfen Werkzeug etwas schneiden oder sägen
fienen	verspotten, verhöhnen; auch: *fieneln*
filutieren	jemanden etwas auf listige Weise stehlen, in betrügerischer Absicht entlocken; ein *Filutierer* ist ein Betrüger
filzen	aussackeln, abtasten; jemanden unzüchtig berühren; foppen, narren
fingerlang	*alle fingerlang* meint: jeden Augenblick, in rascher Abfolge
fiseln	kritzeln; wenn es wenig regnet oder schneit; auch: kleinweise Fleisch von einem Knochen abnagen
fitscheln	flache Steine übers Wasser werfen, wo sie dann aufspringen; auch: viel reden, quatschen
Fitzerl	kleine Teilchen, ein unbedeutender Rest
fladern	stehlen
Flankerl	eine Flocke (ein Flankerl Ruß etwa oder ein Schneeflankerl)
flanket	zerdrückt, verknittert
flanschen	schlendern; etwas schleudern
Flantschker	ein abgerissenes Stück Stoff, ein kleiner Fetzen; ein *Flantschkerl* kann ein leicht zu habendes Mädchen sein

Flasche eine Ohrfeige; ein frecher Mensch; wenn man jemanden eine *floscht*, gibt man ihm also eine Ohrfeige. *I flosch dia glei oane!* (Ich gebe dir gleich eine Ohrfeige!)

flauchen rauben, stehlen

flentschen das Gesicht (je nachdem zum Weinen oder Lachen) verziehen

fletz seicht

flidern jemanden heimlich auslachen

Flitsche eine junge, leichtlebige Frau; auch für: Hure; auch: *Flitscherl*

Flitze Durchfall, Diarrhö

fludern flattern; flatterhaft sein, leichtsinnig

fluschen laut rinnen; aufzischen

flux geschwind, schnell

Fotze ein breiter Mund; Vagina; auch: Ohrfeige; *fotze* ich jemanden eine, gebe ich ihm eine Ohrfeige. *Wüllst a Fotzn?* (Willst du eine Ohrfeige?)

Fotzhobel Mundharmonika

fratig wild, unbändig (beispielsweise Kinder)

fratt wund, aufgerieben; auch: *frätt*

Fresse derbe Bezeichnung für Mund oder Gesicht

fretten sich kümmerlich über Wasser halten (von mhd. *vreten*: wundreiben, quälen)

frimmen drohen

frotzeln	necken, verhöhnen; auch: *frotzen*, *frotznen*
frümmen	bestellen, anschaffen
fuchsen	sich ärgern; etwas listig stehlen
fuchtig	zornig, wütend
Fuck	der Augenblick; etwas hat *fuck* zu geschehen, also augenblicklich
Fudel	Hobel
fürherin	vorwärts, voraus; auch: *fürchri*
füßeln	die Beine rasch bewegen; sich mit den Füßen in erotischer Absicht berühren
Fummel	etwas verächtlich für Kleidung; auch: Frau (nicht gerade hochachtend); *fummeln*: etwas durch Reiben glätten, an etwas herumgreifen oder Geschlechtsverkehr haben
Funze	ein Talglicht, ein Kerzenstumpf; Schimpfwort für Frau
fußig	zur Flucht bereit sein; *si fußig mochn* bedeutet davonlaufen
Fut, Fud	Vagina; manchmal auch: Hinterteil
futzeln	kritzeln; ein *Futzelwerk* ist ein Gekritzel, ein unleserliches Geschreibsel
Futzerl	ein kleines Stück

G

Wörter, die Sie unter G nicht finden, stehen sicher unter K

gaberln	den Fußball geschickt mit der Fußspitze balancieren
Gache	die große Eile; auch: Jähzorn; kommt etwas *gach* oder *gachs*, dann erscheint es plötzlich, unerwartet
Gackerl	Koseform für kleines Kind; eine unerfahrene Person; ein kleiner Mensch, ein winziges Wesen; *gacken*: in der Kindersprache die große Notdurft
gall	gierig, lüstern (von ahd. und mhd. *geil*: kraftvoll, üppig)
Galsterling	ein übermütiger Mensch; auch: *Galster* (von »Elster«)
gamerig	neugierig; lüstern, geil; auch: *gamrig, gambrig*
gamlig	fett, überaus sättigend
gamper	herzig, nett, brav, hübsch (meist an Kinder gerichtet)
Gangerl	ein (meist) kleines und (immer) aufgewecktes, übermütiges Kind
ganseln	plauschen, ein Schwatzerl abhalten

Ganster	Funke
gar	vollkommen aufgebraucht; *d' Müch is goa* (die Milch ist aus)
garlen	geschäftig, eilig umherstolzieren
Gatihose	die lange Unterhose für Männer
gatzen	essen; bei Tieren: herumspringen
Gaudi	ein großes Vergnügen, eine *Hetz;* auch: *Gaude*
gauketzen	vor lauter Schreck zittern; auch: *goketzen*
gaulen	ausgelassen herumtollen, raufen
gaumetzen	gähnen; mit geöffnetem Mund gaffen
gaustern	herumstürmen; Schneetreiben
gautschen	schaukeln, schwanken; legen, aufeinander schichten; alter Drucker- und Setzerbrauch, bei dem die neuen Gesellen ins Wasser gesetzt und begossen werden
Geh!	ein die Aussage verstärkendes Adjektiv, vielleicht etwa dem französischen *Voila!* entsprechend; Ausdruck der Überraschung
Gehag	ein lebender oder angedeuteter Zaun
Gehorsam	Umschreibung für das Gefängnis
geiern	etwas unbedingt haben wollen, auf etwas total versessen sein
Geife	ein Hund (besonders, wenn er nervig bellt)
geil	neben der üblichen Bezeichnung Ausdruck für eine Speise, die rundum begeistert

Geit	Geiz, Habgier, Verlangen; auch: Heißhunger
Gelbfüßler	spöttische Bezeichnung für die Bewohner der weststeirischen Sulmlandschaft (offensichtlich von den gelben Beinen der im Sulmtal gezüchteten Hühner)
gellen	sich unruhig hin und her bewegen
gemulgt	fest zusammengepresst, klumpenartig
gendeln	spielen; auch: *genkeln*
Germ	Hefe
Gerstel	die geriebene Gerste; verächtlich für Geld, ein großes Vermögen
Geschame	die Scham
gescheibs	rundherum, im Kreis
Geschepper	lautes Geklapper; lärmendes Gequatsche
Geschere	die Mühe, Plage, die Schererei; auch: *Gscher*
geschlaun	schleunig
Gespeibe	das Erbrochene (*gespeiben* oder *speibm*: erbrechen, spucken)
gestanden	in mittlerem oder höherem Alter; ein *gstaundans Maunnsbüld* ist ein nicht mehr junger Mann
Gestell	Körperbau, Leibesgestalt
gestutzelt	nicht gut drauf, niedergeschlagen
Gewirks	ein Durcheinander, ein schwieriges Problem, eine Streitfrage

Gewoisel	Gejammere
gewuckerlt	lockig, gekraust; Haare können *gwuckerlt* sein
Gewurle	ein Durcheinander, wirres Gekrabbel
gewutzerlt	mit Knötchen versehen (bei Stoffen)
Gfraßter	Lumpenpack, Gesindel; auch abschätzig für Kinder
Gfrett	eine ärgerliche, verzweifelte Situation oder Lage, Mühe; Stümperei; auch: *Gefrett*; s. *fretten*
Gfrieß	Gesicht (abfällig); auch: *Gefrieß*; wer *Gfrießer schneidt,* schneidet Grimassen
gickeln	mit vor Zorn bebender Stimme sprechen
giften	sich ärgern oder anderen Ärger bereiten
gigeln	geigen, zirpen
Gigerl, Giggal	ein Narr, Spaßmacher; auch: eitler Geck
gigetzen	stottern; auch: *gicketzen*
girzen	taumeln (etwa weil man zu viel getrunken hat); übermütig werden
gitscheln	flache Steine auf die Wasseroberfläche werfen, um sie zum Springen zu bringen
glaggeln	wenn etwas locker, ausgeleiert ist, dann *glagglt* es; auch: gemütlich gehen, baumeln
gleim	knapp. *Es wiad gleim.* (Es wird knapp.)
Gloderer	abwertend für einen Geliebten, auch für einen etwas dummen Menschen

glosen	glimmen, weiter versteckt brennen, glühen
Glunker	Augen; mit den *Glunkern* tut man *glunkern* (schauen)
Glupscher	Augen
gluren	glotzen; auch: *gloren*
Gnack	Genick
gneati	wenn man es *gneati* hat, hat man es eilig (von mhd. *genatec*: eifrig)
gneißen	etwas vermuten, bemerken
gneistig	knauserig
Gock	ein Tölpel
God	der Pate, auch: das Patenkind; auch: *Göd*, *Godl*
Goder	Doppelkinn
gogetzen	rülpsen, aufstoßen; klopfen, schlagen; auch: gackern
Goggalori	Dummkopf; Spaßmacher; auch: *Kokolori*
Gogger	Dummkopf; grantiger, älterer Herr; auch: *Gocker*
Gosche	Mund (verächtlich); wer jemandem eine *Goschn auhängt*, der beschimpft ihn
gradeln	nur schwer gehen können, nur langsam eine Steigung bewältigen
Graffl	Gerätschaft, Gerümpel; abschätzig für: schlechte Sache, nicht besonders qualitätsvolle Dinge

Gramuri	verschiedenes Gerümpel; wüste Unordnung
Grankel	Reisig (von »Gerankel«)
Grant	schlechte Laune, Verdruss. Ein *Grantscherben* oder *Grantschippel* ist ein übellauniger Mensch.
Grapler	ein langsam gehender Mensch; auch gerne als Schimpfwort gebraucht
graupert	struppig, borstig
Greibel	ein altes, reparaturbedürftiges Fahrzeug
greppetzen	aufstoßen, rülpsen
Griebe	spezieller Fettwürfel
Grind	Schmutzkruste; Kopf (besonders von Waldtieren)
Gruden	ein Brocken, ein Klumpen
Grunsen	Falten
Gschaftlhuber	jemand, der sich viele Vorhaben (Geschäfte) aufhalst
Gschau	Blick; auch: *Hergschau*
Gschea	eine Unannehmlichkeit, eine Mühe, Plage; auch: *Gescherr*
Gselchts	geselchtes Fleisch; auch gerne in schimpfender Form: *du gselchter Off* (du geselchter Affe)
Gscherter	Provinzler (derb)
Gschisdi-gschasdi	unsinniges Zeug, dummes Geschwätz; auch: unnötige Umstände

Gschloda	schlechtes Getränk (etwa ein zu dünner Kaffee oder eine schal schmeckende Suppe)
Gschropp	kleines Kind
Gspaun	Partner, Freund, Helfer (von mhd. *gespan*: Gefährte, Genosse)
Gspusi	eine meist nur kurze Liebschaft, Liebelei
gstad	leise, still; oft auch nur: *stad; Sei endlich stad!* (Sei endlich still!)
Gstetten	ein verwilderter Ort (mitten in verbautem Gebiet); ein Wiesen- oder Feldstück
gstutzt	kleinlaut
Gubanitze	eine Mehlspeise der Untersteiermark
Guckatzfleck	Sommersprosse
Gucke	Schale, Höhlung oder höhlenartiger Raum; auch: alte Frau oder Gesäß
Gucker	Augen; auch: Brille
Gufter	ein Verschwender
gugeln	sich mit der Stimme überschlagen; vermummen, einhüllen
Gumpf	leicht verächtlich für Nase
gupfen	aufhäufen; ein *Gupf* ist ein Haufen, ein Hügel; etwas ist *gupfert*, also gehäuft voll
guschen	ruhig sein, sich fügen, nachgeben
Guster	Geschmack, Verlangen; auch: *Gust* (von »Gusto«)

haaren	Haare verlieren; als *eine haarige Sache* bezeichnet man eine komplizierte Angelegenheit
habern	essen (derb)
Haberschreck	Heuschrecke
habig	sparsam, fest haltend nach dem Motto: Was ich habe, habe ich
Hader	ein grobes Tuch; alte Stoffreste; auch: *Hadern*
Haderer	ein Stänkerer; auch: Stümper
Haderwachel	ein ungepflegter, schlecht angezogener Mensch
Häfen	ein Topf; auch: Gefängnis
Haftelmacher	ein Erzeuger von Hafteln, jemand, der mit sehr filigranen Erzeugnissen arbeitet. *Aufpassen wia da Haftlmocha* tut jeder, der sehr genau zusieht oder überwacht.
hakelziehen	eine männliche Kraftprobe, bei der man den Gegner mit dem Mittelfinger zu sich ziehen will
halletzen	klingen; jodeln

Haubenstock ein störrischer, starrsinniger Mensch

Holodri ein leichtsinniger Mensch, der nicht unbedingt unser Vertrauen verdient; auch einer, dem in der Liebe Treue nicht viel gilt

hantig bitter (das Essen etwa); bissig, launisch (ein Mensch etwa)

hapern stottern; wenn es an etwas *hapert*, dann fehlt meist etwas

Hapfen Bett

Happel Häuptel; ein Salat- oder Krauthappel

haseln bügeln, glätten; auch: streicheln

Haslinger Haselstrauchstock

hatschen langsam oder nur schwer gehen könnend

häuftig häufig, über alle Maßen

häupeln über den Kopf streichen, von »Häupel« (Kopf)

hauen schlagen; niedersetzen: *Geh, hau di her!* (Komm, setz dich her!)

Haustrottel ein dummer (oder nur allzu gutmütiger) Mensch, meist in der Verwandtschaft, im selben Haus wohnend

Hauterer ein armer Mensch, der auch trotz seines übermäßigen Fleißes nicht vorwärts kommt

hebig sehr entschlossen, ganz munter

Hecken-klescher	ein billiger, minderwertiger Wein (wenn man diesen trinkt, *kleschet* – also: wirft – es einen auf dem Nachhauseweg in die Hecke)
Heckerl	ein geistig und körperlich nicht gerade vollkommener Mensch; einer, der mutlos und ohne Kraft ist
heckerln	jemanden ärgern
heideln	streicheln, liebkosen; durch Wiegen einschläfern, schlafen; auch: *heidscheln*
heidern	heidnisch; etwas aus Heidekorn bereitet
heien	hegen und pflegen, die Heuarbeit verrichten, mit der Heugabel das Heu zusammenschieben; auch: *heigen* und *heugen*
heiftig	viel, oft; auch: *heifti* (von »häufig«)
Heil	etwas besonders schätzen (*mit etwas Heil haben*: es besonders gern haben)
heint	heute; auch: *heit*
heinzeln	hänseln, necken
heiraspeln	heiraten (scherzh.)
Heiße	die Hitze (die *Hoaßn*)
heißeln	unruhig sein, herumzappeln
Heiwisch	Besen, um etwas wegzuwischen (aus einem zusammengebundenen Strohballen hergestellt)
hepeln	enthülsen, besonders bei Früchten

herent	auf dieser Seite, diesseits; Varianten: *herenten, herenter, herenters* (Gegensatz zu: *drent, drenten*)
herissel	dort drüben; herüben
Herzblümel	Vergissmeinnicht
Herzbünkel	Liebling (kosend); auch: *Herzbünkerl*
heschetzen	seufzen, tief ein- und ausatmen; auch: *heschen*
Hetsche	Hagebutte; auch: *Hetschepetsche*; in der Kindersprache meint der Ausdruck *Hetschipetschi*: Geschieht dir recht!
Hetz	eine gute (meist lärmende) Unterhaltung, ein großes Vergnügen (vom mittelalterlichen »Vergnügen« des Tiere-aufeinander-Hetzens)
Heugeige	eine Stange für die Heuarbeit; ein groß gewachsener, hagerer Mensch
heuzen	schreien, Lärm machen
Hexenschuss	ein akut auftretender, heftiger Schmerz im Nacken
hiaz	jetzt; auch: *hiazn*
Himmelwasser	Regenwasser
himmer	immer
hinig	tot, kaputt; auch: hingehörig
hint	hinten (sparsam gesprochen)
hintennachi	wenn man etwas langsam macht, immer hintennach ist

Hintergestell	das Gesäß, manchmal auch der Rücken
hirnrissig	unsinnig, töricht
Hirntrampel	ein besonders dummer Mensch
Hirsch	die Hirse; auch als Schimpfwort sehr gebräuchlich
Hirschegger	jemand, der alles verkehrt angeht
Hirtamadl	eine junge Sennerin (ein Hüter-Mädchen)
hisch	brav, tüchtig
hoagla	heikel, wer *an Hoagl hot*, legt auf etwas besonderen Wert
hoamgeigen	die Hochzeitsgäste mit einem Musikstück verabschieden (heimgeigen)
hoarachi	sehr dunstig; der *Hoarach* ist der Bergnebel
hobeln	mit seinem Hinterteil hin und her rutschen; Geschlechtsverkehr haben
hochetzen	springen, hoch hüpfen
hockerl	in die Knie gehen; seine Notdurft verrichten (Kindersprache)
hockern	gebückt, zusammengekauert sitzend
höllern	wenn etwas hohl klingt (etwa ein von Schall erfüllter Raum); auch: *hollern*, *hallezen* oder *hullerzen*
hohlhippnen	lästern, beschimpfen
Hoidasen	die Anschwellung der Speichel- und Lymphdrüsen am Hals

Holler	Holunder; auch abschätzig für: Blödsinn; auch: *Huller. Red kan Holler* (Rede keinen Unfug)
honickeln	jemanden verspotten, lächerlich machen; auch: *honeckeln*
Hopf	ein Tölpel; jemand, der betrogen, hintergangen wurde
Hopfenstange	ein groß gewachsener, extrem schlanker Mensch
Hoppel	ein gutmütiger, doch einfältiger Tropf
Hoppertatsch	ein ungeschickter Mensch, der noch dazu eingebildet ist, Hilfe überheblich abweist
Hosenscheißer	ein Feigling
hosteln	hin und her wetzen
Hube	eine kleine Bauernwirtschaft (*a Huabm*), die zu einem größeren Hof gehört
hudara	wenn etwas *hudara* ist, so ist es welk
hudeln	etwas zu schnell und überhastet verrichten (und somit nicht immer zur vollsten Zufriedenheit). Eine *Hudlerei* ist meist eine überstürzte Tätigkeit, eine Pfuscherei.
hudriwudri	durcheinander, unordentlich
Hühnerkragen	ein langer Hals
huletzen	schaukeln
Hulft	Hülle, Futteral

humsen	undeutlich murmeln, leise summen
Hundianer	ein zugleich spöttisch und anerkennend gebrauchtes Schimpfwort; auch: *Hundling* oder *Hundsvieh*
hunzen	jemanden ärgern, verspotten
Hurggel	ein verkrüppelter Baum, ein Aststück; auch: *Huaggl*, *Hurckel*
Huscher	ein leicht verhaltensgestörter Mensch, einer, der einen leichten *Huscher*, also Dachschaden, hat
huscherln	vor Kälte zittern, frösteln
hussen	reizen, aufreizen, antreiben; wenn man jemanden *aufhusst,* stachelt man ihn an
hutschen	schaukeln
Hutweide	eine nie gemähte, sondern nur vom Vieh abgegraste Weidefläche
Hutze	ein unheimlicher Mensch, bei dem man vermutet, er würde auf etwas lauern

I/J

ihner	ihr (*ihnerig*: ihrig)
inhalten	besitzen, behalten
irchen	gerben
irzen	eine Arznei verabreichen
iterichten	widerkäuen; auch: *itrachen*
itnen	ganz neu
itzeln	sticheln, foppen
Janker	Jacke
jankern	sich beeilen
Jauck	ein warmer Wind, Föhn- oder Südwind
jauken	jemanden jagen, vertreiben; auch: *jaiken*
jaungatzen	raunzen
jaunlen	jammern
jauntzen	quietschend heulen
Juchaza	ein Freudenruf (entspricht dem Jauchzer)
Juchtendrucker	ein Geizhals (*Juchte*: Käsewasser; ein *Juchtendrucker* ist also einer, der auch noch das Käsewasser ausdrückt)

K

Wörter, die Sie unter K nicht finden, stehen sicher unter G

kacheln	dummes Zeug daherreden
kacketzen	hüsteln, sich laut räuspern, kichern
käferlicht	sehr hell und klar
kafuien	prügeln
kalabern	langsam dahinflanieren
kalastern	schlagen
kallen	bellen
Kaluppe	eine baufällige Hütte
Kampel	Kamm; auch: Kumpane, Freund; ein *fester Kampel* ist ein starker, ein *fescher Kampel* ein hübscher Bursche
kampeln	kämmen; jemanden ausschimpfen
Kandel	eine Kanne; auch: *Kaundl*
Karabatsch	eine Rute, aus Reisig gefertigt; auch: *Karabatsche*
Kardätsche	Pferdebürste
karniffeln	jemanden zwicken, peinigen
karteln	Karten spielen

kastern	sich grämen; auch: fürchten
katzeln	räuspern, husten
kaudern	Unverständliches daherreden
kaudig	behutsam, vorsichtig
Kehrwisch	ein Besen
Kelz	Schimpfwort für einen vorlauten, frechen Mann (von mhd. *kelzen*: laut sprechen, prahlen)
kenten	einheizen
keppeln	lustvoll plappern, schwatzen (durchaus auch gerne streitend); eine *Kepplerei* ist ein intensives Gerede
Kernöl	das berühmte steirische Kürbiskernöl
Kernöl-schmelzi	Eierspeise, mit viel Kürbisöl zubereitet: eine weststeirische Spezialität
keuchen	schwer oder rasch (und deutlich hörbar) atmen
keusch	schlank, schwach, schmächtig
Keusche	ein kleines Bauernhaus mit Grund, meist nicht besonders wertvoll
Kiberer	ein Polizist
kibitzen	beim Kartenspiel zuschauen
kiefeln	etwas enträtseln; kauen, beißen; enthülsen
Kirchen-gewand	die schöne Kleidung, die sonntags zum Kirchgang angezogen wird

kirren	gellend durcheinander schreien; mit den Zähnen knirschen; knarren
Kittel	der Damenrock
Klachel	etwas Baumelndes, etwa ein Glockenschwengel (von mhd. *klachel*: klopfen); auch für einen unverschämten Menschen
Klachelsuppe	Suppe mit Klachelfleisch, dem Fleisch vom Kopf und den Stelzen (Wadschinken) des Schweins
klänen	schmieren, tünchen
klafutzig	klein gewachsen
Klampfe	eine Eisenklammer; etwas abwertende Bezeichnung für Gitarre, Zither oder auch Klavier
Klank	eine Masche, Schlinge; auch: Halskette
Klapotetz	eine windmühlenähnliche Holzklapper zur Abwehr von Vögeln in den Weinbergen der Südsteiermark
kleber	kaum, ein wenig
kleiniglet	von kleiner und runder Form
klemmen	geizig sein; jemanden in die Enge treiben
Klemperkasten	ein ständig leicht kränkelnder Mensch
klempern	klappern, klopfen (etwa stümperhaft auf einem Musikinstrument spielen)
kleschen	auf etwas schlagen und hiermit ein Krachen erzeugen; werfen; ein *Klescher* ist also ein plötzlicher Krach; *I klesch da oane* (Ich gebe dir eine Ohrfeige)

Kletze	Dörrobst (meist Äpfel und Birnen); das *Kletzenbrot*, eine steirische Spezialität, ist ein Brot mit eingebackenem Dörrobst
kletzeln	mit den Fingernägeln etwas von einem Gegenstand loslösen, abkratzen
klieben	Holz mit einer Hacke spalten
klöckeln	klopfen, hämmern
Klopfer	Schimpfwort für einen etwas dümmlichen Menschen (einen *Klopfer* haben)
Kluft	burschikos für: Kleidung
Klumpert	ein wertloses Zeugs, ein Gerät, eine Maschine, die nicht funktioniert; auch: *Glump*
klunzen	kränkeln, weinen, den Mund weit aufsperren, verblüfft schauen (von mhd. *klunzern*: den Mund öffnen)
Kluppe	die Wäscheklammer (mhd. *kluppe*: Zwingholz)
Knaffel	ein ungeschickter, grober, manchmal auch dummer Mensch
knaffeln	schlagen, poltern
knautzen	weinerlich daherreden, leise jammern
Kniebohrer	jemand, der beim Gehen die Zehen extrem einwärts und die Fersen nach außen biegt; auch: Spottname für Nordoststeirer
knieweich	nachlässig, mitleidig
knillen	mit den Fäusten prügeln; auch: *knüllen*

Knofel	Knoblauch. Wer *auf 'n Knofl geht,* läuft den Frauen nach.
knofeln	nach Knoblauch riechen; will man etwas *ausknofeln*, will man eine Entscheidung herbeiführen
knotzen	hocken, herumliegen, herumlungern
Kobel	eine kleine Hütte (besonders für Tiere)
kofeln	spucken, husten
Kohldampf	ein großer Hunger
kollern	purzeln, rollen
kommod	sehr umgänglich, leutselig (bei Menschen); verwendbar, brauchbar, bequem (bei Dingen). *A kommods Leitl* ist ein gutmütiger Mensch.
Körbelgeld	das Geld, das die Köchinnen beim Einkauf in die eigene Tasche stecken
Kosch	Schüssel, Trog, aus dem die Tiere fressen; ein schmutziger Mensch
Kospel	Schmutzwasser, Gemisch aus Küchenabfällen zum Schweinefüttern
Kotter	das Gefängnis; ein schon etwas älteres Auto; eine Truhe
Kotzbrocken	ein widerlicher, unappetitlicher Mensch
Kotze	eine grobe Decke
Kracherl	eine Brauselimonade
krallen	herumklettern, krachseln

Kramasuri	Gerümpel, altes Zeug; Tohuwabohu
Krampel	Finger
Krampen	eine Spitzhaue; ein dünner Mensch; eine streitsüchtige Frau
Kramperl	eine kleine Gartenkralle; ein schmächtiger, zusammengeschrumpfter Mensch
Krawattl	Nur in der Redewendung: *I pock di beim Krawattl* (Ich pack dich beim Hals; von »Krawatte«)
krawutisch	zornig werden
Kraxe	ein Korb, den man auf dem Rücken trägt (*Buckelkraxe*); ein baufälliges Haus oder ein älteres Auto; verächtlich für altes Weib; manchmal auch für Hosenträger
krecheln	etwas kränkeln, matt und siech sein
Kretzen	jemand, der einem unsympathisch ist, ein Ungustl
kreuzgamper	besonders nett und sauber
Kriecherl	eine Pflaumenart mit kleinen, kugeligen Früchten, entweder gelb oder blau (von »Grieche«)
Kriegerl	der »Augensand« am Morgen
kriegig	streitsüchtig
Krispel	ein schwächlicher Mensch; ein *Krispinderl* ist ein schwächliches Kind
kritzeln	ritzen; sehr klein und schwer leserlich schreiben; auch: *kratzeln*

Kruspel	eine harte Schale, Baum- oder Brotrinde; auch: für ein etwas sprödes Mädchen
kruzitürken	Zornausruf (seit der Türken- und Kuruzzenzeit üblich)
külb	bewölkt
Künigel	Kaninchen
Kukuruz	Mais
kunntatn	könnten
kurazeln	miteinander schlafen
kuttern	kichern; auch: *kudern*
Kutz! Kutz!	Zuruf, wenn sich jemand verschluckt hat oder stark hustet (meist an Kinder gerichtet)

L

lachseln	jemanden zu etwas verleiten, verführen
Lacke	eine Pfütze, eine Lache
Lackl	ein großer, plump wirkender Mensch oder ein riesiges Tier
Lackerl	ein klein wenig Flüssigkeit, meist ein Schluck (*Loss ma bittsche oa Lackerl übrig* – etwa vom Kaffee)
Landler	ein Volkstanz im Dreivierteltakt
lanzen	herumgehen, die Zeit vertun, leicht dahinschlummern; auch: *lanzeln*
Lapperl	eine Kleinigkeit, etwas Nichtiges
Larvenretzen	verächtlich für Mund (von: Larve und Ritze)
Latsch	ein gutmütiger Mensch
laundeln	langsam sein; ein *Laundla* ist ein langsamer, träger Mensch
Lauskampel	ein großer Kamm; ein schmutziger Mensch
leckfetten	Ausdruck der Überraschung und Hochachtung (offenbar von: das Fett leckend)

Lehmsieder	ein ungeschickter, langsamer Arbeiter (*a Loamsira*)
leibig	jemand ist gut genährt, eher dick, also *leibig*
Leitgeb	der Weinausschenker, Wirt
lempern	etwas ist *derlempert*, also verdorben, zerbrochen
leppern	langsam, aber viel trinken; wenn sich etwas *zsammenleppat*, wird es langsam mehr
lerpern	schlürfen, zu viel auf einmal trinken
letschert	träge, schlaff, langweilig; patzig, weich; schlecht, ohne Geschmack, gekocht; auch: *latschert*
Lette	Lehm, Ton
letz	schlecht, übel, böse, zuwider, verkehrt (Ein *letza Hund* wird gern geschimpft); schwach und krank
Lische	der gesamte Maiskolben (auch die Federn um den Kolben)
lohetzen	die Flammen lodern
losen	horchen, zuhören
Lotter	ein Mann; manchmal auch für: Geliebter
lottern	schlottern; auch: *lodern*
luchseln	schwindeln, betrügen; auch: spähen
Lucke	ein Loch (etwa im Zaun); eine Höhle;

	Vagina; *lucket* ist löchrig; aber wenn etwas *lucket geht*, dann geht es verloren
ludeln	urinieren
ludern	jemanden zu etwas verleiten, verlocken
Lugenschippel	ein unehrlicher Mensch, ein Lügner
lujan	jammern, weinen
luletzen	jodeln
Lullatsch	ein großer, schlanker Mensch (*a langer Lullatsch*)
Lulu	der Urin (Kindersprache)
lunzen	faulenzen
luren	auflauern, lauernd starren; gurgelnde Töne von sich geben
luscheln	lügen
Luschen	die Hülse um die Körner; eine Karte, die nichts wert ist; eine leichtsinnige Frau
lutzeln	trinken, schlürfen

madig	unbedeutend, wertlos
magerln	sich ärgern
magieren	etwas vorspielen (beim Fußball etwa eine Verletzung vorspielen)
Malefizkerl	der Anführer
Malter	Mörtel; auch: *Gmalter*
mangari	einerlei, meinetwegen
mankeln	heimlich herumgreifen (*Manklerei*: Betrug)
Mantschari	das Essen, die Verköstigung
marzen	sich umsonst anstrengen
maßeln	genau zielen; mit dem Maßstab messen; beim Eisstockschießen den Eisstock der Taube nachschießen
Matsch	ein Durcheinander; ist man *matsch*, ist man völlig erledigt, erschöpft
matschgern	zerdrücken, zerquetschen; zurückreden, streiten; auch: *matschen*
maunzen	miauen

mauscheln	betrügen, schwindeln; auch: *maunscheln*
mauten	Trinkgeld geben
mechteln	langsam arbeiten; auch: wenn etwa Fleisch zu riechen beginnt, dann *mechtelt* es
meiern	mit Mädchen oder Frauen flirten
Mentsch	eine Frau, ein Mädchen; ein *ausgschamts Mentsch* ist ein ausgeschämtes, also schamloses Mädchen
merren	in Unordnung bringen, verrühren
mestrieren	ministrieren
metzgern	martern, quälen, peinigen
miecht	nüchtern
mink	gering, schwach, klein
Mintel	das Kinn
Mischkulanz	die Mischung, ein Mischmasch
miselsüchtig	mürrisch, verdrossen; kränklich, siech
mitterig	in der Mitte; mittelmäßig
mocken	schmollen, trotzen; auch: *mockerln*; ein *Mock* ist ein mürrischer Mensch
Moidel	abfällige Bezeichnung für eine einfache, manchmal auch ältere Frau
molb	mürbe, zart
Mondschein	nette Umschreibung für Glatze
moppeln	jemanden schlecht behandeln

moschet	breit, fleischig (meist das Gesicht meinend)
Mostbirne	eine schlechtere Birnensorte, die in die Mostpresse kommt
motzen	langsam, träge arbeiten, faul herumstehen; nieseln, fein regnen
Mucken	*Jeda hot seine Mucken*, also: Jeder hat seine Eigenheiten, Launen.
Mudel	eine dicke Frau; Katze
mudeln	zerdrücken, zerknüllen; einwickeln; streicheln
Muffengänger	ein Angsthase, ein Feigling
Mugel	ein großer Klumpen; ein Stoß
Mugerl	ein kleines, dickes Mädchen
mummeln	mit starken Kinnbewegungen, aber lautlos beißen und kauen
Munke	Brei oder Mus aus dem Mehl getrockneter Birnen
murksen	schlampig arbeiten, pfuschen; *abmurksen*: umbringen, töten
murlen	stinken
Mutze	eine Oberbekleidung für Männer

N

nachel	drüben
nachkrähen	jemand *nochkrahn*, jemanden Übles nachsagen
Nackerbatzerl	kosend für spärlich bekleidetes oder nacktes Kind; als *geistigs Nockabatzl* schimpft man gern einen Dummkopf
Naderer	Spitzel; Angeber
napfetzen	schlummern, nicken
nascheln	laut schmatzend essen
natzen	sitzend einschlafen, schlummern; auch: *notzen*
Naunkerl	eine Kleinigkeit, ein unscheinbarer Gegenstand
nedlich	heikel, schwer zufrieden zu stellen; auch: *nettlich*, *nöttlich*
Neidel	Wange
Neigerl	das *Noagal* ist die Kleinigkeit, der Rest, der übrig bleibt (von: zur Neige gehen)
neipeln	stolpern, taumeln
Nestel	Schnur, Riemen

Netzkrapfen	ein krapfenartiges Gebäck
niffen	jucken
Nigel	ein kleines Wesen; Igel
Nipf	Nase; lässt man *den Nipf hängen,* ist man ziemlich niedergeschlagen
Nirgel	Specht
nisteln	verstreuen
Nocke	ein Kloß aus Grieß, Reis, Käse o. ä.; auch: Schimpfwort für eine eingebildete, hochmütige Frau
noppen	Atem holen; den Kopf schütteln
notteln	rütteln, schaukeln, stoßen; Geschlechtsverkehr haben
Notzmaul	verächtlich für Gesicht; putzt man sich das *Notzmaul,* hat man sich ganz einfach rasiert
Nudeldrucker	verächtlich für einen Geizhals (vom Gerät, mit dem man Nudel erzeugt, indem man Teig durch kleine Löcher drückt)
nudelfeist	sehr dick, sehr fett
Nudler	ein schlampiger Arbeiter oder ein Fußballer, der den Ball nicht richtig trifft und sohin *nudelt*
Nuss	Schlag auf den Kopf; als *Nussen* bezeichnet man jene Tätigkeit, bei der mit gebeugten Fingerknöcheln über den Kopf gefahren bzw. geklopft wird (eine einst beliebte Art der Schülerbestrafung)

O

Obauge	Obacht
obern	etwas überwinden, bewältigen
Oblage	Steuer
ödeln	wenn etwas einen faden Geschmack hat
Ölsterz	Sterz von Heidenmehl, mit Öl abgeschmalzt
Ohrwaschl	Ohr
Ortbeinl	eine kleine Geldsumme, die auf eine größere aufgezahlt wird
Ortjosel	Bezeichnung für den, der das entlegenste Haus im Dorf bewohnt

P/Q

Wörter, die Sie unter P nicht finden, stehen sicher unter B

paarlen	etwas paarweise ordnen
padautz	augenblicklich, sofort
Palawatsch	eine mit viel Gerede vor sich gehende Versammlung, ein Durcheinandergerede
Pamperl	eine Kinderpuppe (meist aus Stroh), ein schlimmes Kind; auch: ein uneheliches Kind (*Pampert*); Puppe; auch: *Pamperletsch*
Pampf	ein dicker Brei, der rasch sättigt; etwas, was man schnell runterschlingt; eine *Pampferei*, ein *Pampfwerk* ist ein überhastetes Essen, das man runterschlingt
Pantsch	eine durchgemischte Masse (meist verächtlich gebraucht)
pari	quitt, Gleichstand
papierlen	ärgern, verhöhnen, für blöd verkaufen
Pappe	Mund; *halt die Pappen!* (halte den Mund!) wird gern geschimpft
Papperl	Essen für Kinder; scherzhaft für eine rotblaue Nase
paschen	klatschen; prahlen; mit Würfeln spielen

Patschen	Hausschuhe; einen platten Reifen am Auto haben
patschert	ungeschickt, unbeholfen, etwas tölpelhaft; auch: *patschet*, *patschig*; ein *Patschachter* ist ein ungeschickter Mensch
Patschhand	eine zärtliche, weiche Hand (die etwa ein Kindergesicht streichelt)
Patzen	ein Klumpen weicher Masse; eine kleine Menge; ein zäher Saft, Mark; eine Unannehmlichkeit, Verlegenheit; auch: *Patz*
Pecker	Wenn jemand einen *Pecker* hat, dann ist das keine Beschädigung des Geschirrs, sondern eine Art Dachschaden.
pempern	klopfen, stoßen; Geschlechtsverkehr haben, schwängern
pengern	hacken, hämmern
penzen	lästig betteln und bedrängen
Petschiergraber	Steinschneider, Metallstecher
pfeazen	verhöhnen, verspotten; auch: *pfeanzen*
pfiaten	jemanden verabschieden; *Pfiat di Gott* (Behüt dich Gott)
pfigetzen	mit dem Mund pfeifen (ohne Pfeiferl selbstverständlich)
pfitscheln	flache Steine über eine Wasserfläche werfen, damit sie aufspringen
Pfitschipfeil	*wie ein Pfitschipfeil* meint: besonders schnell
pflanzen	jemanden ärgern, an der Nase herumführen, etwa: zum Schein loben

pflucken	aufflackern
Pflummer	wer *oan Pflumma hot,* ist aufgeregt
pfnachen	vor Zorn schnauben, vor lauter Anstrengung keuchen; auch: *pfnauchen*
pfnotten	mürrisch schweigen, schmollen; auch: *pfnottern*; ein *Pfnotterer* ist ein Griesgram
Pfoad	ein Hemd
Pfosten	ein Brett, eine breite Latte; auch als Schimpfwort für Männer geeignet (*du bist a fester Pfostn*)
pfreit	bereit, fertig
pfrengen	drängen, drücken
Pfriem	Riemen
pfrutlich	rasch, geschwind
Pfuketzer	jemand, der gerne kichert; ein einmaliges Kichern
pfummerln	schmollen
Pfuftl	ein Versager
pfutsch	etwas ist verloren, weg
picken	kleben, anheften, ohrfeigen (*I pick dia oane*: Ich gebe dir eine Ohrfeige)
pimpern	klingeln, leicht hämmern; Geschlechtsverkehr haben
Pintsch	eine Hundeart; ist etwas *unterm Pintsch*, ist es ganz, ganz schlecht, unter jeder Kritik

Piperl	ein Getränk für Kinder; ein kleines Huhn; auch für: Penis (Kindersprache); wenn jemand etwas *piperlt*, dann trinkt er etwas
pipetzen	pipsen, gackern
Pippe	ein Wasserhahn; auch als Schimpfwort für freche Buben (*Rotzpippen* etwa)
Piron	die Gabel
pitzeln	übergenau sein, pedant sich mit Kleinigkeiten beschäftigend; auch: wenn etwas auf der Haut prickelt
plärren	weinen, schreien, brüllen (mhd. *bleren*: blerren)
platschen	lärmend klatschen
platzen	brüllen, weinen, heulen
pledern	laufen; mit den Flügeln schlagen
Plemascher	Schimmer, Blinzeln
plenäugeln	schielen
pleschen	schlagen, hauen; geräuschvoll hinfallen; klatschen; *auspleschen* ist dementsprechend: durchprügeln; in der Landwirtschaft meint man hiermit, die Garben über einen Stock schlagen, damit die Körner herausfallen
pleseln	mit dem Hintern hinunterrutschen; auch: *pleiseln*
Pletsche	ein großes Blatt; aufgezogene Haut; auch: *Platsche* oder *Plotsche*

Pliempel	Idiot
Plitsche	ein schlechtes, zu warmes Getränk
ploderet	trächtig, verächtlich für schwanger
plommen	abrutschen, abtreiben
pluppern	glucksen
Plutzer	ein großer Kopf; Kürbis oder Melone; auch: *Bluza*
Pögel	eine Kröte; ein Torbogen; auch: *Pögerl*
pöpperln	etwas rinnt runter
pofeln	sich drängen, es wimmelt; eine Zigarette qualmen
Poganze	ein flacher Butterteigkuchen mit Apfelmus und anderen Früchten gefüllt
Pogatsche	eine Kuchenart
Poggerl	wertloses Zeug; eine Mehlspeise
poisig	wartend
polzen	hervorquellen, sich hervordrängen; schnell fahren
Poppel	ein mürrischer Mensch; auch: Nasenpoppel
posseln	schwätzen, daherquatschen
possen	vertraut reden; schimpfen (gerne hinter jemandes Rücken)
pransen	sich zieren, zaudern
Pransterer	ein unwillkommener, ungeladener Gast; ein *Pransterling* ist ein Sonderling

prealt	es hagelt
Preden	Schrullen
Prellen	heftig an etwas anstoßen; jemanden betrügen
Prinzginkerl	scherzhaft für ein angeberisches Kind
pritscheln	waschen, mit Flüssigkeiten hantieren; ist man *pritschelnass*, ist man völlig durchnässt
Pritschkittel	ein sich allzu sehr »zierendes« Mädchen
Pritschurl	eine unfreundliche, mürrische Frau
prodln	miteinander reden
prowenken	sich bewegen, wenden
Pude	Bauch, Unterleib; ein Haufen (etwa Gras oder Heu); ein *Puderl* meint ein kleines Maß für Schnaps, das etwa dem Stamperl entspricht
pudeln	etwas quellt hervor; jemanden geringschätzig behandeln; wenn sich jemand *aufpudelt,* regt er sich übermäßig auf, nimmt sich allzu wichtig
pulitschen	raufen, prügeln
pumfest	sehr fest
pumpern	heftig klopfen; furzen; Geschlechtsverkehr haben
pumpfen	schlagen; sich schlecht benehmen
Pumpser	ein Schlag, Stoß, Anprall; auch für jemanden, der oft mit verschiedenen Frauen schläft

Pülcher	ein unverlässlicher Mensch, das, was man in früheren Zeiten vielleicht Strolch genannt hat
pürsten	schnell trinken (meist über den Durst hinaus); auch: *pirschteln*
Putsch	ein Schwein
Putz	eine Ausrede, ein Vorgeben; passiert etwas *per Putz*, passiert es bloß zum Schein; das Kerngehäuse beim Obst (etwa beim Apfel oder der Birne) heißt ebenfalls *Putze*

quacketzen	hüsteln, sich räuspern
Quadrat-schädel	ein extrem sturer Mensch oder auch nur jemand, der einfach einen großen, etwas unförmigen Kopf hat
quadrilliert	kariert; auch: *quadrulliert*
quäunen	jemanden übellaunig tadeln, zornig beschimpfen
qualen	im Winterschlaf liegen
Quart	Menschenmenge
Quecke	eine anklagende, jammernde Frau
queckentzen	jammern, klagen, schreien
quenketzen	quitschen, knarren; winseln

R

abcdefghijklmnopq**r**stuvwxyz

rachsen	ringen
racketzen	schnarren, knarren
radelhaxig	o-beinig
Radi	der Rettich
Rafen	Dachsparren; auch: *Rofen*
Raffel	eine Feile; eine gern tratschende alte Frau
raffeln	lärmen, stoßen, schlagen; Geld zusammenscharren
Ragankerl	Teufel
Ramasuri	ein lärmendes Spektakel, ein Wirrwarr
rammeln	etwas fleckig machen; Geschlechtsverkehr haben
ramschlet	wenn etwas schwarz oder braun, schwarzbraun ist
ranchen	schnarchen
Ranft	die Einfassung, der Saum, der Rand (etwa eines Brotlaibes; auch ein mit viel Rinde umgebenes Brotstück)
rangeln	sich balgen, spielend miteinander raufen

Rant	eine Weile, ein Zeitraum; ein lustiger Streich; hochfahrendes, stolzes Auftreten oder Wesen
ranten	sich sorgen, voller Kummer sein
Ranzen	Bauch
ranzen	sich nach dem Schlaf wohlig ausstrecken und dehnen; sich streiten
rappig	schäbig
rar	freundlich, lieb, gefällig (bei Menschen); tauglich, brauchbar, zweckmäßig (bei Sachen)
ratschen	unaufhörlich reden, plappern; mit einer *Ratsche* (einer Holzklapper) Lärm machen; eine *Ratsche* kann auch eine besonders geschwätzige Frau sein
Ratzel	üble Laune
raun	schmal, schlank, mager; auch: *ran*
Raundel	eine verstimmte Geige; eine ältere, gern keifende Frau
Raunke	die Rinde, die Krume, der Schorf
Raunkerl	Nockerl; eine Krapfenart
raunzen	jammern, klagen, wimmern; wenn eine nichtgeölte Tür knarrt
refeln	sich mit Kleinigkeiten, Nichtigkeiten beschäftigen
rehren	laut weinen, schreien (von mhd. und ahd. *reren*: brüllen); auch: *rean*
reiben	waschen, fegen (etwa den Fußboden)

reichsen	klappern, rasseln; zanken, hadern; im Scherz herumbalgen
Reide	Wegbiegung, ein Umweg
Reißteifl	ein Kind, das seine Kleidung nicht besonders achtet, sie gerne einreißt
reiteln	festbinden, schnüren
resch	rasch, schneidig, heftig, scharf; hart, spröde (bei Gebäck); frisch, scharf (beim Geschmack); ausgereift, kräftig (beim Getreide); hell (bei Tönen)
Retze	kleine Lache
Ribisel	Johannisbeere
Riecher	Nase
Ried	ein durch Rodung von Holz befreiter Platz; gerodetes Holz, Buschwerk; inneres Fleischstück vom Rind
riefeln	fein regnen oder schneien; auch: *niffeln*
riegeln	schütteln, stark bewegen, auflockern
riegletzen	röcheln
Ringlotte	Pflaume
rippeln	stark reiben; jemanden foppen, hänseln
Ritschert	eine Suppe mit gekochten Bohnen, Rollgerste, Speck- und Selchfleisch, Erbsen und Linsen; Durcheinander, Mischmasch
rittern	um einen Vorrang streiten
rötzen	zermürben; etwas schmoren lassen
roglat	locker, beweglich, sanft; mürbe, flaumig (bei Speisen); auch: *rogel*, *roglig*

rollen	lärmend scherzen, laut herumschreien; jemanden zum Narren halten
Roschlerei	Verlegenheit, Verdruss
roseln	wenn man etwas leicht verschenkt, verschwendet
Rotzbremse	Schnauzbart
rotzen	verächtlich für weinen; auch: *rotznen*
Rotzglocke	wenn einem der Rotz aus der Nase hängt
Rotzmensch	Schimpfwort für ein freches, leichtlebiges Mädchen; auch: *Rotzdirndl*
Rotzpippe	Schimpfwort für einen frechen Jugendlichen; auch: *Rotzbub*, *Rotzlöffel*, *Rotznase*, *Rotzschnegel* etc.
ruchen	sich kümmern, sehr bedacht auf etwas sein
Ruckerl	das Gänseblümchen
rücheln	brüllen, wiehern
Runtze	Falte; Rinnsal
rupfen	etwas herausreißen (z. B. Hühnerfedern)
ruseln	auf Eis rutschen

Sachel	eine kleine Sache; *macht man einem das Sachel,* macht man ihn garantiert unglücklich
sakra!	ein Ausruf des Erstaunens oder Entzückens
salch	unrein, trübe (bei Flüssigkeiten)
sapalott!	ein Ausruf des Unmuts, aber auch der Überraschung
sappen	langsam und schwerfällig daherzotteln
satzen	es sehr eilig haben
Saunigel	ein Mensch, der sich ungern wäscht; jemand, der mit Vorliebe von so genannten schmutzigen, also sexuellen Dingen redet; ein Kartenspiel (der Kartenspieler, der am Schluss noch Karten in der Hand hat, ist ein ebensolcher)
Saupartl	Bezeichnung für einen schmutzigen, unsauberen Menschen, für einen, der sich beim Essen unappetitlich aufführt; auch für einen gern obszön sprechenden Menschen
schabbetzen	schlecht Geige spielen
Schachtel	eine alte Kuh; auch eine ältere, dicke Frau

schack	ranzig
schacken	rauchen, qualmen
Schafnase	eine längliche Apfelsorte
schappeln	kratzen, schaben
schargetzen	mit harten Gegenständen geräuschvoll kratzen; auch: *schargen*
schatzen	reden, plauschen
Schaub	das Strohbündel
schederwenket	schief, verdreht
scheiern	hageln
schelfen	in Scheiter schneiden; auch: *schelfnen*, *schelften* und *schelftnen*
scheppern	klappern, rasseln, klirren; laut kreischend sprechen
schepsen	schaben
Scherm	der Nachttopf; wer den *Scherm aufhot,* ist von großem Pech verfolgt
Scherzel	der erste Anschnitt oder das Endstück vom Brotlaib; auch: ein Rindfleischteil
scheuchen	grausen, ängstigen
schiach	hässlich; zu jemanden ungut sein; scheu sein; zornig und aufgebracht sein
Schidel	Teufel
schifteln	flache Steine übers Wasser werfen, damit sie weiterspringen
schilchen	jemanden schief anschauen, schielen

Schilcher	ein besonderer Wein (Blauer Wildbacher), *die* Spezialität aus der Weststeiermark
Schinackel	ein kleines Schiff, ein Kahn; ein großer, plumper Schuh
schinhaarig	durchsichtig, fadenscheinig
schirgen	ein Geheimnis verraten; jemanden anschwärzen; anklagen; ein *Schirgengangerl* ist der Hinterbringer, der heimliche Verräter; ein bekannter Spruch: *Schirgengangerl mit dem roten Jankerl* (heimlicher Verräter mit der roten Jacke) (von mhd. *scherge*: Gerichtsdiener)
schlabutzig	ärmlich, abgetragen, schäbig
Schlampertatz	ein schlampiger Mensch
schlankeln	die Füße gelangweilt schaukeln; flanieren
Schlatz	Schleim, klebrige Masse
schledern	umherspritzen; plätschern; Wäsche im Wasser schwenken
schlegelt	dick
Schleimer	abfällige Bezeichnung für einen Schmeichler, Kriecher
schleißig	abgenützt, zerschlissen
schlenzen	müßig herumgehen; etwas schwingend schleudern; auch: *schleanzen* und *schlenzieren*
schludern	schlenkern, schlottern; nachlässig sein
Schlupfe	eine Schlinge, Masche

schmafu	niederträchtig, böse; als *Schmafukerl* bezeichnet man einen schlechten Menschen
schmaundeln	Essen angebissen liegen lassen; undeutlich sprechen; schmeicheln, streicheln
schmeißen	prügeln, schlagen, raufen
schmieren	liebkosen, schmeicheln; aber auch: *I schmier dir glei oane* (Ich gebe dir gleich eine Ohrfeige)
schmotzen	Teig umrühren; Mörtel anmachen
schmucken	sich klein zu machen versuchen; heucheln, schmeicheln
Schmuß	Gerede, sich wortreich einschmeicheln wollen
schnabeln	frech, vorlaut reden; auch: *schnaberln*
schnackeln	mit dem Mund oder dem Finger ein schnalzendes Geräusch erzeugen; Geschlechtsverkehr haben
schnacketzen	Ist mir etwas *gschnacketzt*, ist es mir gänzlich misslungen
Schnackerl	aufstoßen; ein *Schnackerlstoßen* ist ein Schluckauf
schnadern	aufwallen, sieden
schnallen	etwas begreifen, kapieren
Schnalzer	Peitschenknall
schnappern	schnellen, zittern (vor Kälte oder Angst etwa)
Schneas	Kleingeld; ist etwas *schneas*, so ist es schütter

Schneebrunzer	Schimpfwort
Schnellsieder	ein jähzorniger Mensch
schnepfen	mit den Fingern schnalzen
schnipfen	etwas mit einer raschen Handbewegung stehlen
schnofeln	schnuppern, schnüffeln; näselnd sprechen
schnotzen	brodeln
schoasseln	übereilte, schnelle Bewegungen machen, schusseln
Schöcklhex	Schimpfwort für eine unordentlich aussehende Frau (regional begrenzt auf die Gegend um den Schöckl, den Grazer Hausberg)
schopfen	bei den Haaren reißen
Schragen	hölzernes Gestell; auch: hässlicher Mensch
schranzen	nagen, abbeißen
schrateln	wenn man sich durchs Grätschen der Beine verletzt
schreams	schräg, quer (*schreams umi*: schräg hinüber); auch: *schrems*, *geschrems*
Schreckschraube	eine Frau, vor der man sich fürchtet
schredeln	laut schwätzen
Schreppe	eine Klapper; auch: eine Frau, die nicht aufhören kann zu reden; eine *Schreppetzen* ist eine Frau mit einer durchdringend-gellenden Stimme

schricken	wenn etwas Risse oder Sprünge bekommt; hüpfen, springen
schrietig	zwiespältig
Schrunde	eine Spalte, ein Riss
Schüdel	Schaukel
schupfen	stoßen
Schüppel	ein Büschel, Haufen; Schimpfwort (entspricht etwa: Kerl); mit dem Ausdruck *Lugenschippel* ist ein lügnerischer Kerl gemeint; wenn einem *schüppelweise* die Haare ausgehen, gehen sie einem büschelweise aus
schurgetzen	mit den Zähnen knirschen
schurlen	laufen
schustern	Geschlechtsverkehr haben
schwablig	schwindlig
schwapetzen	hin und her schwanken
schweifeln	unterwürfig sein; mit dem Schweif wedeln
Schweigel	Rausch
schweißeln	schwitzen, nach Schweiß riechen
schwummerig	schwindlig
schwurbeln	durcheinander wimmeln; schwindlig werden
sechteln	viel trinken; stark regnen; auch: Wäsche waschen
Sechter	ein Kübel aus Holz mit Griffen (ein altes Getreide- oder Weinmaß); Säufer

Seiche	noch warmer Harn; Vagina
seichen	urinieren; wenig regnen
Seicherl	ein kleines Sieb; auch für: Schwächling oder Feigling
Seichte	eine Untiefe, eine seichte Stelle im Fluss
seig	abgestanden, fade, ohne Geschmack
seigen	sinken
Selche	die Räucherung von Fleisch (*Geselchtes*: geräuchertes Fleisch)
Semmelbart	ein ordentliches Doppelkinn
sempern	unaufhörlich daherquatschen; eindringlich bitten und jammern; ein *Semperkasten* ist ein Nörgler
Serwas	Gruß (Servus)
Siebeneläuten	Hat man *'s Siebenläutn gheat* (gehört), beginnt man nun doch zu altern.
Siebengscheiter	ein Eingebildeter, einer, der die Weisheit mit dem großen Löffel gegessen zu haben glaubt
siffeln	reiben, gleiten
Simperl	ein einfältiger Mensch
sinnbachen	in Gedanken vertieft sein, angestrengt nachdenken
Spagatkrapfen	ein feines, bogenförmiges Gebäck
Spatzen	neben der Vogelart: Ausdruck für Muskelschwäche, Muskelschmerz
spaucken	jemand davonjagen, vertreiben

Speibat	das Erbrochene; auch: *Speibats* und *Speibets*
Speik	eine Art des Baldrians, die in den Bergen vorkommt
Speil	Splitter
spengig	schwer zu drehen, zu öffnen oder überhaupt zu bewegen
spenzeln	mit den Augen zwinkern, flirten
sper	trocken, spröde; jemanden *sper mochn*: jemanden verdrießlich machen; *sper sein*: unfreundlich reden
Spereicherl	ein kleines Eichhörnchen; ist man ein *rechts Spereicherl,* ist man kränklich und schwächlich
spienzeln	kokettieren, liebäugeln, auf Aufriss sein, flirten
spradern	wenn es wenig und bloß kurz regnet
sprageln	splittern
spreitzen	sich zieren; angeberisch herumstolzieren; widerspenstig sein
Sprießel	eine Leitersprosse
Springginkerl	ein kleines, sehr aufgewecktes Kind
spudern	sich sträuben, widersetzen
stackeln	dahertrotten, humpeln
stampern	stoßen, schlagen; stehlen; stapfen, trotten
stanzen	wegstoßen, fortjagen
stapfeln	steigen, stolzieren

stegeln	stolpernd gehen, torkeln; auch: *stengeln*
Steige	eine Kiste aus dünnen Holzlatten (eine Obst- oder Hühnersteige etwa)
Stelzen	lange, dünne Beine
stenzen	durchprügeln, hauen
sternhagelvoll	völlig betrunken
Sterz	die steirische »Nationalspeise«, bestehend aus zu kleinen Stücken zerstoßenen Teigs. Der *Türkensterz* wird dabei aus Maismehl, der *Heidensterz* aus Heidenmehl, der *Breinsterz* aus Hirsebrei, der *Brennsterz* aus Weizenmehl, der *Habersterz* aus Hafermehl gemacht, außerdem gibt es noch den *Erdäpfelsterz*, den *Roggensterz*, den *Bohnensterz*, den *Schwammerlsterz* etc.). Die Bezeichnung *Sterzfresser* für einen Steirer wird als Beschimpfung geahndet.
Sterzel	ein klein gewachsener, untersetzter Mann; ein klein gebliebenes Kind; ein junger, kleiner Stier
stibitzen	etwas stehlen, listig entwenden
Stickel	eine Anhöhe, eine jähe Erhebung des Weges
stierlen	irgendwo herumstochern, herumsuchen
stiften	wenn jemand *stiften geht*, dann haut er heimlich ab, schleicht sich davon
stigetzen	stottern, beim Reden ins Stocken geraten
Stipfel	ein Stecken, Stab (oft als Rand- oder

Grenzpfosten); das äußerste Ende eines Dings, die Spitze, der Zipfel

Stöckel	ein Schuhabsatz; ein gemauertes Weingartenhaus
Stößel	ein klein gewachsener, gedrungener Mensch; aufgeschlichtetes Brennholz
Stodeltor	ein weit offener Mund (von: Stadel)
Stoppel	ein kleiner Mensch
Stotzen	ein kleiner Bottich
strawanzen	herumgehen, vagabundieren; ein *Strawanzer* ist sohin ein Herumtreiber
Strenzen	eine unfreundliche Frau; auch: *Stranzen*
stuff	stumpfsinnig, gleichgültig
Stummerl	ein taubstummer Mensch
stupfen	antreiben, vorwärts treiben; mahnen; gibt man jemanden einen *Stupfer*, animiert man ihn doch nicht stehen zu bleiben
sulpern	Flüssigkeit verschütten
sumpern	summen, dumpf tönen
Sunke	eine von Gras und Gestrüpp überwachsene Vertiefung an einem Berghang; die Stelle, wo ein Bach versiegt
Surm	ein Schwarm, ein Haufen (Menschen); dumpfer Lärm; dummer Mensch
surren	stark summen, rauschen, flüstern

T

abcdefghijklmnopqrstuvwxyz

Wörter, die Sie unter T nicht finden, stehen sicher unter D

Tachtel	Ohrfeige
Tacke	eine Überdecke (oft aus Schilf, Bast oder Stroh); befindet man sich *auf da Tackn,* scheint man geistig oder körperlich (oder beides zugleich) heruntergekommen zu sein
tackeln	besudeln; jemand, der *abtackelt,* entfernt sich dezent, zieht weg
täsch	unerschrocken, kühn, mutig
tammerln	leise pochen, klopfen
tampern	hämmern
tandeln	kaufen und verkaufen, mit etwas handeln; ein *Tandler* ist ein Händler
tangeln	die Sensen und Sicheln mittels Aushämmern schärfen; planlos herumlaufen; Geschlechtsverkehr haben
tapieren	sich schmutzig machen
tappen	schwerfällig gehen, wanken; vorwärts tasten
Tasche	eine Ohrfeige; eine freche Frau; Vagina
Taschenfeitel	ein Taschenmesser

tasig	niedergeschlagen, schweigsam, nicht besonders gut drauf; selten auch: *dasti*
Tatel	ein alter Mann, ein Greis; auch: *Tater*
Tatsch	ein einfältiger, plumper Mensch; auch für: unfertiges, unausgebackenes Gebäck (Erweiterungsform: *Tatschker);* ein *Tatschkerl* ist eine gebackene Teigtasche, oft mit Topfen oder Früchten gefüllt
tattern	schnell reden; plätschern; vor Schreck zittern. Ein *Tatter* ist ein Schwatzmaul.
tatzen	greifen, tasten
tauchen	jemanden anschieben, drücken
Tauntsch	ein langweiliger Zeitgenosse
teckerln	kindisch herumspielen, sehr kindlich sein
Tegl	ein Topf
tellen	dampfen, rauchen, dunsten
tenkisch	auf der linken Seite befindlich; linkisch
Tepp	ein Dummkopf; auch: *Tapp*
teppat	dumm, blöd; ungeschickt, plump; auch: *teppet* oder *tappet*
tepschen	stoßen, eindrücken, prellen; ein *Tepscher* ist eine durch einen Stoß verursachte Einbuchtung
ter	abgestumpft, unempfindlich
terre	die Kurzform der Begrüßung: Habe die Ehre!
Tetsche	Ohrfeige
teufeln	herumfahren, wild wie ein »Teufel«

timmern	lärmen, krachen
Tinef	ein schlechtes Blatt beim Kartenspiel, womit nichts zu gewinnen ist. Sagt zu Ihnen jemand: *Es geht dich einen Tinef an*, meint er eindeutig (und meist ungehalten), dass jene Sache Sie nichts angehe.
Tintenscheißer	verächtlich für einen übereifrigen Bürokraten
titscheln	Kugel aufeinander zu rollen oder schießen (Kinderspiel)
tober	tüchtig
Tocker	ein geistig etwas beschränkter Mensch (meist liebevoll, mitleidig gebraucht); auch: *Togger*
Todel	ein schwachsinniger Mensch
Toichtel	ein grober, ungeschickter Mensch; auch für: Geliebter
Tomerl	ein ungeschickter Mensch
Tommerl	ein Mehlteig (mit Milch und Eiern), braun und resch gebacken
Topfen	Quark; ist etwas *Topfen*, ist es schlecht
Topfenneger	ein Mensch mit besonders weißer (sonnenempfindlicher) Haut
tossen	toben, schreien, rauschen (das Wasser)
tostig	aufgedunsen; schlaff, welk
trachten	etwas anstreben; etwas genau, behutsam beobachten (betrachten)

Trackel	ein Pfahl; Stützbalken; hölzerne Griffe an Truhen oder Kisten
Tragel	eine Holztrage
Trampel	dumme Frau
Trappel	die Fußspur; der Teil des Fußes, der den Boden berührt; Pfote; Läufer; ein plump daher gehender Mensch; ein Dummkopf
tratzen	jemanden ärgern, necken, reizen, verspotten
Traumichnicht	ein sehr zaghafter Mensch
traumhappert	noch nicht ganz munter
Treapen	dumme, schwerfällige Frau; ein *Treaperl* ist eine wenig schmeichelhafte Bezeichnung für ein dummes Mädchen
tredeln	wenn es gleichmäßig dahin regnet
Trempel	Heustadel; ein Kübel (für Schmalz oder zum Rühren)
Trenzer	ein zögerlicher Mensch, ein Faulpelz; einer, der beim Essen daneben patzt
triblieren	belästigen, auf jemanden einreden
trinsen	schluchzen; spucken, daneben patzen (zum Schutz beim Essen: *Trinsbarterl*); auch: *trentschen*, *trentzen* oder *trientschen*
tritscheln	furzen
Troad	das Getreide
Trottel	ein dummer, blöder Mensch (verharmlosend: das *Trotterl*)
Trumm	ein sehr großes Stück; ein starker, großer

Mensch; auch: für jemanden, dessen sämtliche Verwandte gestorben sind

Trutscherl	ein Mädchen (mit manchmal recht runden Körperformen); ein Kind; auch kosend für: Liebling
tschapieren	abhauen, wegschleichen, sich aus dem Staub machen; auch: *abtschapieren*
Tschapp	ein dummer, blöder Mensch; auch: *Tschappel*, *Tschapperl* oder *Tschopperl*
tschari	ist etwas verloren gegangen, so ist es *tschari gegangen*; auch: *tschali*
Tschatsch	Schlamm, Morast; Abfall, Plunder; eine Kleinigkeit; ein Kinderspielzeug; ein Anhängsel
Tschentscher	einer, der seine Zeit vertrödelt
Tschetter	ein Haufen
tschicken	rauchen
tschodern	bei den Haaren reißen, die Haare verwirren; ein *Tschoderwaschel* ist ein Kind mit zerrauftem Haar
Tschurtsche	der Zapfen eines Nadelbaumes; ein entkörnter Maiskolben
Tuli	ein etwas unbeholfener, einfältiger Mensch; auch: *Toli* oder *Tauli*
tummeln	sich beeilen
tuschen	schlagen, klopfen, pochen, poltern
tutschen	aneinander stoßen, zusammenprallen
twerchs	schräg gegenüber

U

überhaupts	überstürzt, Hals über Kopf; insgesamt, überhaupt; auch: *überhauptes* und *ibahaps*
umpracken	wildern
umser	hinauf, in die Höhe
umundum	rund herum; hängen sich Frauen ein *Umundum* um, hängen sie sich ein Umhängetuch um
undanks	unabsichtlich, unvermutet
uneben	jemand ist unangenehm, unpassend, schlecht, böse
Ungeschmach	Gestank; Schmutz, Mist, Jauche
urassen	verschwenden, vergeuden
urgach	plötzlich
Urgeln	große Holzscheite
urnigeln	jucken, beißen, brennen
Urschel	abschätzige Bezeichnung einer unbeholfenen Frau
utzen	singen, jauchzen, schreien

veranderweisen	verändern
Vergeltsgott	eine Danksagung
vergeraten	misslingen
verginen	sich verschlucken
vergottelt	zerlumpt
Verhackert	fein gehackter, luftgetrockneter Schweinespeck (besonders als Aufstrich auf ein Landbrot sehr geschätzt)
verkiefelt	schwierig, vertrackt
verkutzen	stark husten, weil eine Speise oder Flüssigkeit in die Luftröhre geraten ist
verplempern	vergeuden; sich irren; sich verlieben
Verreckerl	ein kleines, missratenes Ding oder Wesen (meist für Früchte oder Tiere, selten auch für Menschen)
verschauen	von etwas beeindruckt sein
verzapfen	Blödsinn reden; sich vor Arbeit drücken
Vettel	eine schimpfende Frau
völlig	oft in der Bedeutung von »fast« gebraucht
vorfert	vor zwei Jahren; auch: *vorferten*

wacheln	fächeln, wehen lassen, flattern; mit *Wachler* meint man eine fächelnde, Luft verdrängende Bewegung
wackn	weichen
walgen	wälzen; schäumen; schlucken, schlingen; ein *Nudelwalger* ist ein Küchengerät, mit dem der Teig gewälzt, gewalkt wird
wampert	dickbauchig, eine Wampe habend
Wannl	eine kleine Wanne; der Sitz am Klosett; ein Blechmodel für den Kuchen
wappeln	plauschen, schwatzen; sich wappnen
wascheln	plätschern; wenn es stark regnet
watscheln	schwerfällig dahin gehen
Watschen	Ohrfeige
Waucker	ein hässliches Tier, ein ekelhafter Mensch; eine Laus
Wauckerl	kosend für kleine Kinder; ein kleines Ding
Wedel	Schimpfwort für einen frechen, unverschämten Menschen; auch für Dummkopf
wega	fort, weg, aus dem Weg

weiken	etwas in eine Flüssigkeit legen, um es weich oder biegbar zu machen; ein ausführliches Bad nehmen
Weinperl	ein Schmeichler, Angeber; ein eiserner Bohrer zum Anzapfen von Weinfässern
weitschichtig	lose, entfernt (so ist man etwa *weitschichtig* verwandt)
wendig	schwer zu bändigen
wess	schnell, rasch, geschwind; bald, sogleich
wetzen	reiben; miteinander schlafen (die Körper aneinander reiben)
wichsen	etwas schmeißen; sich einen Rausch antrinken; onanieren
wiech	ausgiebig, üppig; blattreich (bei Pflanzen); rasch sättigend (beim Essen)
wiggl-woggl	»Wickelwackel«, ein unentschlossener Menschen
Winterleite	ein nördlich gelegener oder nach Norden gewandter Bergabhang
wirflig	schwindlig, halb bewusstlos
wirlen	sprudeln, quirlen
wirsten	verschwenden
wispeln	mit dem Mund pfeifen
wisteln	flüstern
woiseln	klagen, jammern, winseln; bitten
Wuchtel	eine Mehlspeise aus Germ (Hefe), der *Buchtel* vergleichbar; ein großes Schwein; eine dicke Frau; Fußball

Wuckerl	ein kleines Schwein; ein kleines Kind, Baby; Locke; Flocke
wudeln	schlüpfen
wurlen	krabbeln, wimmeln, rasch hin und her fahren; emsig arbeiten; *wurlat werden* heißt: unruhig werden; auch: *wurlet*
wurz	total, ganz und gar
wurzen	jemanden ausnützen, Geld abnehmen; auch: geschickt Fußball spielen
wuschen	schnell wohin huschen; rauschen, brausen (etwa der Regen); schlagen
Wuserl	ein frisch ausgeschlüpftes Küken, ein sehr junges Tier
Wutzel	ein Bündel, ein Busch; kosend für ein Kind

zach	zäh; geizig; matt rinnend (beim Wein)
Zacherl	eine Träne (von »Zähre«); auch: ein Idiot
zachseln	anlocken
zadert	faserig
Zagel	Schwanz; Wipfel gefällter Bäume; Schimpfwort für frechen Mann; auch: Vagina
zaggern	stottern
zamseln	verlocken
Zapfen	ein etwas beschränkter Mensch; ein *gmütlicher Zapfen* ist ein gemütlicher Mensch
zaufen	weichen; rückwärts gehen
Zecker	jemand, der sich ungebeten an andere hängt; eine Handtasche aus Stroh oder Bast
zeiseln	keine Ruhe lassen, stupfen; mit *Zeiselwerk* ist ein fortwährendes Drängeln und Antreiben gemeint
zelgen	das Feld bestellen, nachdem es brach gelegen war

zenen	reizen, necken, verhöhnen
zerlempern	etwas zerstören, vernichten; wenn etwas aus den Fugen gerät
Zikori	Löwenzahn oder Wegwarte, deren Wurzel in Notzeiten als Kaffeeersatz dienten; auch: *Zigori*
zipfen	kränklich sein; *anzipfen*: etwas ungern machen oder ertragen
Zistel	ein geflochtener Korb, der nach unten enger wird
zitzeln	in kleine Stücke zerkleinern
Zitzerl	kleines Stückchen; der Zaunkönig; Brust; eine junge Geiß; etwas *zitzerlweise* angehen heißt, es Stück für Stück, nach und nach machen
Zniachtl	ein unscheinbarer Mensch
Zockel	ein unverlässlicher Mensch; hölzerne oder aus Stroh geflochtene Hausschuhe
Zoderwaschel	Lump
Zornbinkel	ein leicht aufbrausender, in Zorn geratender Mensch; ein *Zornbinkerl* ist ein kleines, zorniges Kind
Zottel	ein unordentlicher oder frecher Mensch; sehr oft auch für: Bettler, Landstreicher (dementsprechend *zotteln*: herumstrolchen)
Zotten	Decke; Lumpen; ein *Zottenklescher* ist ein Lumpensammler
zottert	weich, mollig

zu	*zu sein* bedeutet: betrunken sein; *Ich bin bretteleben zu* (Ich bin besonders stark betrunken)
zudeln	urinieren; rieseln (von Wasser)
Zumper	ein Stück von einem größeren Ganzen, ein Stumpf, Zipfel; als *Zumperl* kann durchaus ein Penis bezeichnet werden (nicht immer schmeichelhaft)
zumpern	immerzu drängen, ungeduldig sein
Zurke	ein dürrer Ast
Zusche	Prostituierte
Zutz	Schnuller
zuwilegen	dazulegen (mit jemandem schlafen)
zuzeln	saugen, mit der Zunge lutschen
zwatzel	schlecht gelaunt sein
zwider	unangenehm, übellaunig, missmutig, verdrießlich (*Zwiderwurzen*)
zwiefeln	jemanden gewaltsam zum Gehorsam zwingen (sodass derjenige weint)
zwirnen	in übler Laune schimpfen, keifen

Die Steirer und das Steirische

Die Regionen

Ganz Steiermark ist sprachlich gesehen ein Teil des großen bairischen Mundartgebietes. Doch das war nicht immer so: Bis 1919 gehörte auch die slowenisch sprechende Untersteiermark dazu und das hinterließ natürlich auch in der Sprache seine Spuren. So leitet sich beispielsweise der Name der steirischen Landeshauptstadt Graz vom slawischen *grad* bzw. *gradec* (Burg bzw. kleine Burg) her. Als die Untersteiermark an Jugoslawien fiel, war's mit dem slawischen Spracheinfluss im Grunde vorbei.

Der bajuwarische Einfluss erklärt sich historisch aus der in mehrmaligen Episoden erfolgten bairischen Besiedelung: Nach den Ungarnstürmen im 10. Jahrhundert bis hin ins 13. Jahrhundert wurden die verwüsteten Regionen immer wieder mit Bayern »aufgefüllt« und die neuen Steirer assimilierten sich mit den hier lebenden wenigen »Alpenslawen«.

Aber auch heute noch unterscheiden sich die Regionen lautlich stark voneinander, nicht zuletzt wegen der unterschiedlichen Besiedlungszeiträume und den jeweiligen historischen Bedingungen. Viele lokale Besonderheiten haben zu deutlich unterscheidbaren Mundarträumen innerhalb der Steiermark geführt. Die vielleicht auffälligste Grenze zieht sich quer durch ganze Land und ist jene zwischen der südbairischen und der mittelbairischen Lautung. Folglich kann ein Kenner der steirischen Idiome bis heute, trotzdem mundartliche Besonderheiten immer mehr verschwinden, ohne weiteres von der verwendeten Sprache auf die geografische, oft auch auf die soziale Herkunft des Sprechers schließen.

Eine große einheitliche sprachliche Gruppe bildet die West- und die engere Mittelsteiermark (mit dem oststeirischen Raabtal), die über außergewöhnliche Gemeinsamkeiten in der Lautentwicklung und im Wortschatz verfügt. Diese Gruppe unterscheidet sich deutlich von der Ober- und der Oststeiermark. Die Oststeiermark wiederum wirkt wie eine eigene Sprachinsel, die stark originale sprachliche Charakteristiken aufweist, mit eklatanten Unterscheidungsmerkmalen von den anderen steirischen Sprachregionen (die interessantesten Besonderheiten hat dabei das Joglland).
Die obersteirischen Mundarten des Mur- und Mürztales bilden hingegen lautlich keine in sich geschlossene Einheit, sondern geben ein breit aufgefächertes Sprachpuzzle wieder, verteilt über viele kleine Raumeinheiten, die auch südliche Einflüsse aus Kärnten und westliche aus Salzburg aufweisen. Völlig anders gestaltet ist die Sprachentwicklung im Ennstal und dem Ausseerland, die stark von den umliegenden Gegenden (in Salzburg und dem südlichen Oberösterreich) beeinflusst sind. Ein Ausnahmefall ist auch der Dialekt der Mariazeller Gegend, die allein durch die geografische Abgeschiedenheit eine besondere Prägung erfahren hat.

Die Standardwerke

Die ersten Sammlungen volkstümlichen Sprachguts (also Listen von Wörtern und Wörterbücher) entstanden in der Steiermark im frühen 19. Jahrhundert, als der berühmte Erzherzog Johann durch seinen Sekretär Georg Göth Fragebögen ausschicken ließ, um eine statistisch-topografische Landesbeschreibung auch nach den diversen mundartlichen Besonderheiten der steirischen Gegenden erstellen zu können. Diese Sammlungen von Wörtern und Redensarten wurden respektlos »Idiotika« genannt – vielleicht, weil die meisten darin aufscheinenden Wörter und Redensarten von der Schriftsprache und auch der Umgangssprache der feinen Städter (also der Grazer) eklatant abwichen. Diese Idiotika stammten vor allem aus regional beschränkten Gebieten, diversen Orten oder Landstrichen.

Diese handschriftlichen Schätze nun haben »den lange Jahre am Landesarchive beamteten, überaus gewissenhaften und fleißigen Adjunkten Theodor Unger angeregt«, so Khull weiter, den Plan des Erzherzogs neuerlich aufzunehmen, »dessen Herstellung die Kräfte eines einzigen Mannes weit übersteigt«. Sein »Steirischer Wortschatz« aus dem Jahr 1903 (fortgesetzt und vollendet von Ferdinand Khull) ist bis heute *das* grundlegende Werk der steiermärkischen Sprachgeschichte geblieben. Dort ist mit dem Stand um 1900 sozusagen das gesamte gültige steirische Wortgut zuverlässig versammelt. (Das 1994 erschienene »Steirische Wörterbuch« in der Edition Strahalm hatte übrigens Unger/Khulls »Steirischen Wortschatz« einfach abgekupfert.)

Für die Weststeiermark erschien 1987 das von Walter Kainz und Eduard Walcher gesammelte und von Claus Jürgen Hutterer herausgegebene »Weststeirische Wörterbuch«, eine gründliche und kompetente Sprachsammlung dieser steirischen Gegend (das übrigens thematisch gegliedert ist).

Das »Steirische Schimpfwörterbuch« des steirischen Historikers und Sprachforschers Günther Jontes ist eine beeindruckende, sowohl amüsant zu lesende als auch wissenschaftlichen Kriterien entsprechende Grundsammlung von Schimpfwörtern steirischer Provenienz.

Auch das von Konrad Maritschnik gewissenhaft kompilierte »Steirische Mundart-Wörterbuch« (das unter Mitarbeit von Karl Sluga 2002 erschien) stellt eine gelungene und kurzweilige Sammlung mundartlicher Wörter und Redensarten der Steiermark dar.

Literatur

Eiselt, Franz: Die Mundart des Jogllandes. Lautgeschichte. Graz 1950

Hutterer, Claus Jürgen / Kainz, Walter / Walcher, Eduard: Weststeirisches Wörterbuch. Grammatik und Wortschatz nach Sachgruppen. Böhlau, Wien/Köln/Graz 1987

Jontes, Günther: Steirisches Schimpfwortlexikon. Schimpf und Spott in Vergangenheit und Gegenwart. Fohnsdorf 1986

Jontes, Günther: Steirisches Schimpfwörterbuch. Fohnsdorf 1987 / Steirische Verlagsgesellschaft, Graz 1998

Koren, Hanns: Pflug und Arl. Salzburg 1950

Maritschnik, Konrad / Sluga, Karl: Steirisches Mundart-Wörterbuch. Weishaupt, Gnas 2002

Reiterer, Karl: Ennstalerisch. Volkstümliches aus der nordwestlichen Steiermark. Graz 1913

Reiterer, Karl: Weststeirische Sprachbilder. In: Heimgarten 47/1923, S. 478–481

Das Steirische Wörterbuch. Edition Strahalm, Leykam, Graz 1994

Unger, Theodor: Steirischer Wortschatz, als Ergänzung zu Schnellers Bayerischem Wörterbuch. Hrsg. v. Ferdinand Khull. Graz 1903. Unveränderter Nachdruck, Sändig Reprint Verlag 1992

Wiesinger, Peter: Mundart und Geschichte in der Steiermark. Ein Beitrag zur Dialektgeographie eines österreichischen Bundeslandes. Elwert, Marburg/Lahn 1967

Wudi, Johann: Judenburger Dialekt um 1800 (1812). In: Berichte des Museumsvereines Judenburg 8/1975, S. 20–24